AF257480

MÉMOIRE JUSTIFICATIF

PRÉSENTÉ

Par M. Marc PASQUET

A

M. LE PROCUREUR GÉNÉRAL

Près la Cour d'appel de Paris

A MM. LES PRÉSIDENT ET CONSEILLERS

COMPOSANT LA CHAMBRE DES MISES EN ACCUSATION

Je suis poursuivi sous l'inculpation d'intelligences avec l'ennemi, crime prévu par l'article 77 du Code pénal :

« ART. 77. — Sera également PUNI DE MORT quiconque aura pratiqué des manœuvres ou entretenu des intelligences avec les ennemis de l'État, à l'effet de faciliter leur entrée sur le territoire ou de leur livrer des villes forteresses... ou de fournir aux ennemis des secours en soldats, hommes, argent, VIVRES, armes ou munitions, etc. »

Le fait qui m'est reproché est d'avoir, pendant l'occupation de la ville de Corbeil, vendu aux Allemands une certaine quantité de vin.

Ce fait est incontestable, il s'est produit publiquement, ouvertement, avec l'approbation, comme je vais le montrer, des Autorités administratives et judiciaires, aux yeux desquelles le ravitaillement complet des Prussiens a été toujours considéré comme une question de sécurité personnelle et de salut général, comme le seul moyen d'empêcher l'emprisonnement immédiat de M. le Maire et le pillage de la ville.

Le commerce des vivres avec l'ennemi a été approuvé, encouragé, directement ou indirectement, à tous les degrés de l'échelle ; les bénéfices réalisés sont immenses. J'en sais auxquels la régie des contributions indirectes réclame des sommes considérables pour droits échus pendant l'occupation.

De sorte que si ma tête doit tomber, la ville de Corbeil est menacée par le parquet de Fontainebleau des plus grands malheurs. Le magistrat qui le dirige veut sans doute démontrer à son collègue de Corbeil que la Justice ne doit jamais sommeiller, qu'elle recherche les coupables partout et toujours ; et comme, d'un autre côté, nous savons tous qu'elle frappe indistinctement le puissant et le faible, sans distinction de fortune et de position sociale, il est certain qu'après moi et les trois pauvres diables, aujourd'hui poursuivis, arriveront devant la Cour d'assises les personnages les plus considérables de la cité. Véritable deuil public qui se prépare !....

Il ne m'a pas été facile, je l'avoue, de prendre d'abord au sérieux l'accusation si grave dont je suis victime. Je ne me serais pas expliqué comment, le crime ayant été commis à Corbeil, et mon domicile étant à Corbeil, c'est cependant le parquet de Fontainebleau qui m'arrache à mes juges naturels.

Mais, depuis mon interrogatoire par le juge d'instruction et depuis que la gendarmerie est venue prendre mon signalement au milieu de ma famille, il m'a bien fallu reconnaître que ma situation était grave et que le moindre souci de ma considération personnelle m'obligeait à me défendre.

Les 15, 16, 17 et 18 septembre 1870, l'ennemi envahit Corbeil, il en prend possession et s'y installe sans la moindre résistance.

40,000 Bavarois affamés, suivis bientôt de 40,000 autres composant les deux corps d'armée des généraux Hartman et Von der Thann, s'abattent sur la ville. On se souvient encore de ce que devinrent les boutiques des boulangers, des bouchers, des charcutiers et surtout les caves des commerçants et des particuliers.

Les détails relatifs à l'occupation de la ville et aux événements des premières journées sont consignés dans une première délibération du Conseil municipal, en date du 5 octobre 1870.

C'est dans cette délibération et dans celles qui l'ont suivie, c'est-à-dire dans des documents officiels et publics, que j'entends puiser les renseignements nécessaires à ma défense.

On y voit d'abord que l'Administration et le Conseil ont toujours été, non pas positivement sur *la brèche*, comme le dit un peu témérairement peut-être le rédacteur, mais toujours en permanence, discutant pied à pied chaque réquisition et ne donnant que ce qu'il était impossible de refuser. Et cependant, « malgré la « discussion de toutes ces réquisitions, elles représen- « taient encore quotidiennement 1,500 kilogrammes « de pain, 7 à 800 kilogrammes de viande, et 1,200 litres « de vin. » (*Délibération du 5 octobre* 1870.)

Voilà donc un point officiellement et authentiquement constaté : les réquisitions de vin s'élevaient à 1,200 litres par jour, ce qui pendant huit mois d'occupation devait donner un total de 288,000 litres ou environ 1,200 pièces !...

La lecture de ces délibérations est lamentable, on y voit à quelles malheureuses extrémités la ville en était réduite ; on comprend les anxiétés de nos honorables administrateurs, accablés sous la lourde tâche de satisfaire l'appétit et la soif du vainqueur, la soif surtout, sous la menace continuelle d'être arrêtés et de voir la ville livrée au pillage et à la dévastation.

Il fallait tout abandonner, tout céder, absolument tout...

Qu'on en juge par cet exemple :

L'armée française avait fait sauter le pont de Corbeil ; il s'agissait sans doute de retarder la marche de l'ennemi sur Paris, de gêner son établissement autour de la capitale et son complet investissement, d'entraver ses mouvements.

C'est par la ville de Corbeil que devaient passer 500,000 Allemands et une artillerie considérable.

Le désappointement de leurs officiers était général, leur colère et leur rage se manifestaient à la vue de ces ruines : il fallait rétablir la communication.

Eh bien, le croirait-on, si la triste nécessité ne l'expliquait, ce qu'il ne m'appartient pas de juger, « M. le Maire de Corbeil a dû se soumettre à l'ordre militaire, » (*Délibération du 19 octobre*), et c'est lui qui a été obligé de faire le plan du travail et de le soumettre à M. le major du génie Bertchfeld, qui l'a agréé !....

C'est M. le Maire et un conseiller municipal délégué qui ont dû eux-mêmes, personnellement, exécuter pour l'ennemi et sous sa surveillance, cette opération militaire dont la conséquence immédiate était de livrer passage aux approvisionnements considérables de l'ennemi, et à ces interminables convois de bombes qui allaient écraser les Parisiens.

Voilà ce qu'a dû faire M. le Maire, « sous peine d'ê- « tre responsable personnellement et dans sa fortune. »

Ce n'est pas tout : il y a un fait de notoriété publique à Corbeil, c'est le seul que je me permette de citer sans l'appuyer d'une délibération du Conseil municipal, parce qu'il indique bien mieux encore dans quel triste état de découragement et de défaillance se trouvaient les esprits à cette époque : le percepteur du canton avait une somme en caisse, n'a-t-il pas été obligé, sur l'invitation de M. le Maire, de la verser aux Prussiens, et, toujours pour éviter des malheurs à la ville, n'a-t il pas dû prendre l'engagement écrit de percevoir dorénavant pour le roi Guillaume ?...

Je ne cite ces faits, je le répète, que pour bien indiquer l'état des esprits à cette époque et réclamer quelque peu d'indulgence dans l'appréciation de mes actes personnels.

J'examine maintenant l'accusation en elle-même, et je la discute.

Pour constituer un crime, il faut absolument l'in-

tention criminelle, et si je prouve que loin d'avoir eu
un seul instant l'idée ou l'intention de trahir mon pays,
au profit de l'ennemi, je n'ai agi au contraire que dans
l'intérêt de mes concitoyens, il sera bien difficile de
m'accuser.

L'accusation ne se comprendra plus un seul instant
si je démontre qu'en vendant ce vin, je n'ai fait que
répondre au désir et à l'invitation de l'Autorité française, qui représentait à elle seule l'Autorité judiciaire...

Ce sera absolument comme si M. le Procureur de
Fontainebleau lui-même m'avait invité à vendre des
vivres aux Prussiens, et venait ensuite demander ma
tête pour avoir commis un crime.

J'ai expliqué plus haut qu'une délibération du Conseil municipal constatait que les réquisitions pour le
ravitaillement de l'armée prussienne se montaient à
1,500 kilos de pain, 800 kilos de viande et 1,200 litres
de vin, et que l'Admininistration, engagée dans la voie
des réquisitions à outrance, devait livrer en huit mois
1,200 pièces de vin.

La farine n'a jamais manqué, on le conçoit aisément.

Mais, dès le commencement d'octobre, la ville ne
pouvait plus suffire aux réquisitions de viande et de
vin.

Que fait l'Administration ?

Elle envoie des bouchers munis de bons de circulation, chercher à quinze ou vingt lieues de Corbeil la quantité de bestiaux nécessaire.

Le 19 octobre, un membre du Conseil fait observer que l'Administration municipale compromet peut-être, avec ces bons de circulation, sa responsabilité devant le pays.

Le débat s'engage.

C'est à ce moment, je crois, que la discussion est interrompue par l'annonce qu'un gendarme vient s'emparer de la personne de M. le Maire, si la ville ne satisfait pas à la réquisition d'une livre de bougie et d'une paire de ciseaux.

Il expose que, quelques jours avant, il avait couru le même danger à l'occasion de couvertures de laine.

On vote la livre de bougie et la paire de ciseaux, et l'incident est vidé.

Le Maire pose la question :

C'est la question de vie ou de mort :

« Dans un pays de ressources comme Corbeil, dit-il,
« l'armée ennemie ne se laissera manquer de rien de
« ce qui lui est nécessaire pour l'alimentation.

« Il s'agit donc de décider ce qui est préférable, ou

« de voir l'ennemi piller impitoyablement les campa-
« gnes, comme il l'a fait pendant les premières se-
« maines, ou, au contraire, de lui laisser le moyen de
« s'approvisionner par des achats réguliers. »

Les termes sont un peu vagues, et le style se ressent
assez du trouble de l'époque ; je me permets de tra-
duire la phrase d'une façon que je crois plus nette.

Convient-il de pourvoir au ravitaillement de l'ennemi, ou d'exposer la population au pillage ?

Le Conseil décide à l'unanimité moins une voix :

« Que jusqu'à ce jour l'Administration municipale
« a fait pour le mieux dans l'intérêt de la ville de Cor-
« beil et de la population des environs menacés de
« razzias incessantes, et qu'il n'y avait pas, en face de
« la force ennemie, d'autre parti à prendre. »

Ainsi donc voilà qui est entendu.

L'Administration protége ceux qui vont à vingt
lieues chercher des vivres pour l'ennemi.

Elle les encourage, elle leur délivre des bons de circulation, d'accord, bien entendu, avec l'Autorité prussienne.

Il est décidé qu'il convient de donner à l'ennemi le
moyen de s'approvisionner en payant.

C'est dans cette situation, en présence de cette décision, que, bien loin d'aller à vingt lieues, comme les bouchers autorisés par l'Administration, j'organise dans l'écurie de ma maison un dépôt des vins que m'apportent les vignerons de Saintry et des environs, et c'est à ce dépôt que la Mairie m'adresse les Allemands qui viennent en réquisition.

Je fais livrer par mon domestique moyennant payement, je suis heureux de contribuer ainsi au salut de la ville et de sauver notre Maire, car s'il était menacé de la prison pour quelques couvertures, une livre de bougie et une paire de ciseaux, à quels périls n'était-il pas exposé si les Prussiens avaient manqué de vin !...

Et cependant c'est pour ce fait que me voilà aujourd'hui prévenu d'un crime qui doit m'amener devant la Cour d'assises.

Je disais que si j'avais commis un crime, ce dont je n'ai pas conscience, Dieu merci, je pouvais soutenir que j'y avais été poussé par le Ministère public lui-même, et par conséquent par M. le Procureur de Fontainebleau qui me poursuit.

Je le dis et le répète, mais bien entendu au point de vue de ma discussion seulement et sans avoir la moindre idée de porter atteinte à la considération personnelle de l'honorable magistrat qui remplit ici son devoir avec autant de zèle que d'énergie.

Au mois d'octobre 1870, par qui l'autorité judiciaire à Corbeil était-elle représentée ?

Par M. le Maire seul, de l'aveu et sous les yeux des magistrats du Ministère public.

Les délits de droit commun n'étaient réprimés que par l'Administration municipale. (*Voir* Délibération du Conseil relative aux vols de bois.) Nous étions sous le régime de l'état de siége, et dans cet état exceptionnel, en présence de l'ennemi, devant les ordres donnés au Parquet de s'abstenir complétement, le Maire concentrait dans ses mains les pouvoirs administratifs, militaires et judiciaires ; tout au moins, il était incontestablement le seul officier de police judiciaire en fonctions.

En vertu de ces pouvoirs, sous les yeux mêmes de M. le Procureur actuel de Fontainebleau, alors Substitut à Corbeil, l'Administration autorise, comme je l'ai dit, mon dépôt de vin, qui n'est en définitive qu'un détail bien secondaire du système général adopté et pratiqué dans l'intérêt du salut de la ville et des campagnes.

Le Ministère public, tout le monde le sait, est indivisible ; qu'il soit représenté par M. le Maire de Corbeil ou M. le Procureur de Fontainebleau, j'ai le droit d'opposer à l'un ce que je puis opposer à l'autre. Or, si j'ai démontré que M. le Maire a approuvé et encouragé mes actes, j'ai démontré en même temps que M. la Procureur de Fontainebleau les a couverts par son approbation tacite ou indirecte.

J'ai à relever ce côté de l'accusation assez étrange : on me reproche le bénéfice que j'ai pu faire sur cette vente.

J'avoue que je ne comprends pas.

Étant admis que je pouvais, que je devais vendre aux Prussiens tout ce qui pouvait faire l'objet de leurs réquisitions, comment peut-on me blâmer de leur avoir vendu aussi cher qu'il était possible : c'était autant de pris sur l'ennemi, et j'avoue qu'en mon âme et conscience j'ai cru bien faire en vendant aux Allemands plus cher qu'à mes concitoyens. Je crois que c'est le raisonnement qu'ont dû faire les bouchers de l'Administration et tous ceux qui ont fait le commerce avec l'ennemi.

Je ne terminerai pas sans prendre la liberté de soumettre à M. le Procureur général et à la Cour quelques réflexions sur la poursuite dont je suis l'objet.

La Justice espère-t-elle obtenir contre moi une condamnation quelconque ?

Évidemment non.

Cependant elle sait par le parquet de Corbeil que tout ce que je viens de dire est exact.

Alors pourquoi cette poursuite du parquet de Fontainebleau ?...

On sait pourtant qu'une prévention aussi grave est un événement terrible dans la vie d'un homme.

Mais, sous cette poursuite, se cache peut-être une idée qui ne manquerait certainement ni d'intérêt ni de grandeur si elle se montrait au grand jour.

C'est une leçon sans doute que veut donner le Procureur de Fontainebleau ; il veut nous forcer tous à jeter un coup d'œil en arrière, il veut nous montrer l'affaissement moral où nous sommes tombés, pour nous aider à nous relever ensuite.

Dans cette ville de Corbeil qui porte pour devise : *Cor bello paceque fidum*, il sait que pas un seul élan patriotique, pas un dévouement, pas un acte de courage ou d'énergie ne sont à citer, et que l'exemple venu d'en haut nous a troublés moralement.

Moi qui convoquais deux mois auparavant mes concitoyens à la formation d'une compagnie de francs-tireurs, j'ai chassé avec les Prussiens logés chez moi, je l'avoue à ma honte, et cela m'a paru tout simple à ce moment, parce que j'en voyais faire autant par les personnages les plus haut placés.

Si telle est l'idée de la poursuite et le but du Ministère public, une chose m'étonne et me confond : c'est
que M. le Procureur de Fontainebleau n'accuse que
trois au quatre malheureux dont la seule défense,
comme la mienne, sera de prouver clair comme le jour
qu'ils n'ont fait que se rendre aux désirs de l'Autorité,
et qu'il laisse ainsi croire aux populations dont il veut
relever le moral, qu'il est impossible à la Justice de
s'adresser plus haut.

Marc PASQUET.

CORBEIL. — Typ. et stér de CRÉTÉ FILS.